Impressum
Verlag: BABADADA GmbH. Nedderfeld 112 , 22529 Hamburg
Geschäftsführer / Verlagsleitung: Harald Hof
Druck: Books on Demand GmbH, In de Tarpen 42, 22848 Norderstedt

Imprint
Publisher: BABADADA GmbH, Nedderfeld 112 , 22529 Hamburg, Germany
Managing Director / Publishing direction: Harald Hof
Print: Books on Demand GmbH, In de Tarpen 42, 22848 Norderstedt, Germany

de School

Šola

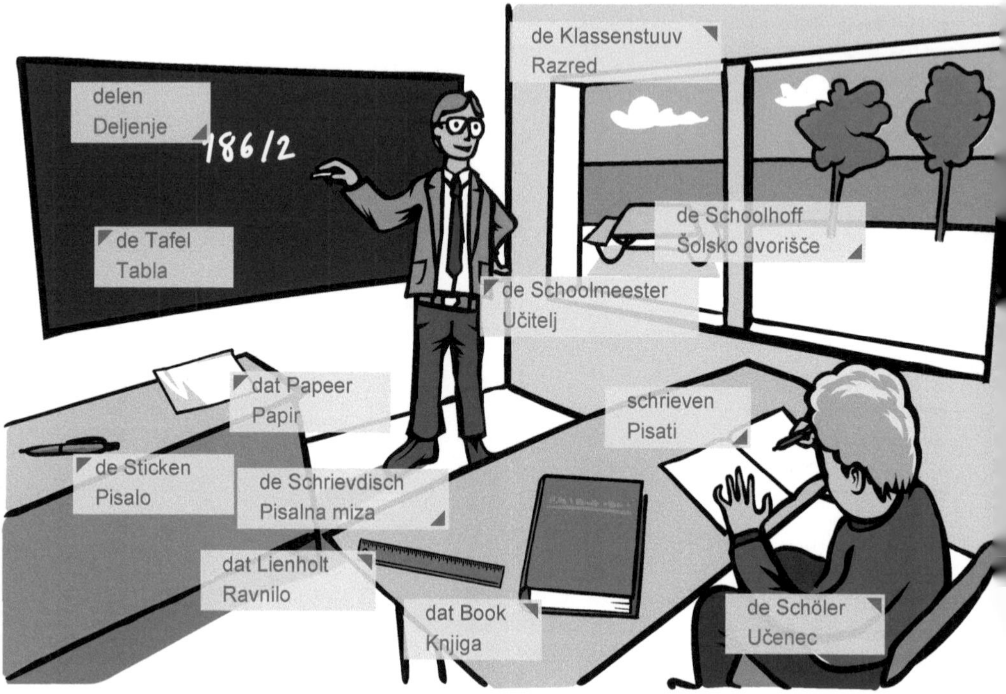
de Klassenstuuv
Razred
delen
Deljenje
186/2
de Tafel
Tabla
de Schoolhoff
Šolsko dvorišče
de Schoolmeester
Učitelj
dat Papeer
Papir
schrieven
Pisati
de Sticken
Pisalo
de Schrievdisch
Pisalna miza
dat Lienholt
Ravnilo
dat Book
Knjiga
de Schöler
Učenec

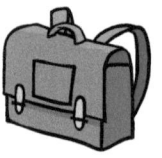

de Ranzel

Šolska torba

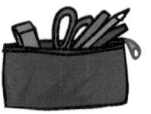

de Feddermapp

Peresnica

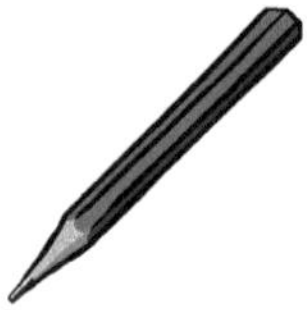

de Bleesticken

Svinčnik

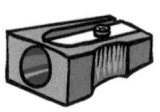

de Scharpmaker

Šilček

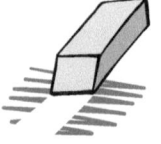

dat Radeergummi

Radirka

de Tekenblock

Risalni blok

de Teken

Risba

de Pinsel

Čopič

de Malkassen

Vodene barvice

de Scheer

Škarje

de Klever

Lepilo

dat Heft to'n Öven

Zvezek

de Huusopgaav

Domača naloga

12

de Tall

Število

2+2

tohooptellen

Seštevanje

5-2

aftrecken

Odštevanje

2×2

malnehmen

Množenje

reken

Računanje

A

de Bookstaav

Črka

ABCDEFG HIJKLMN OPQRSTU VWXYZ

dat ABC

Abeceda

dat Woort

Beseda

de Text

Besedilo

lesen

Brati

de Kried

Kreda

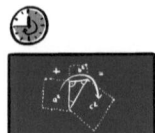

de Stunn

Učna ura

dat Klassenbook

Redovalnica

de Pröven

Preizkus znanja

dat Tüügnis

Spričevalo

de Schooluniform

Šolska uniforma

de Utbillen

Izobrazba

dat Nakieksel

Enciklopedija

de Universität

Univerza

dat Mikroskop

Mikroskop

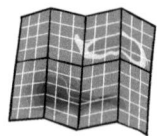

de Koort

Zemljevid

de Papeerkorf

Koš za smeti

de School - Šola

de Törn
Potovanje

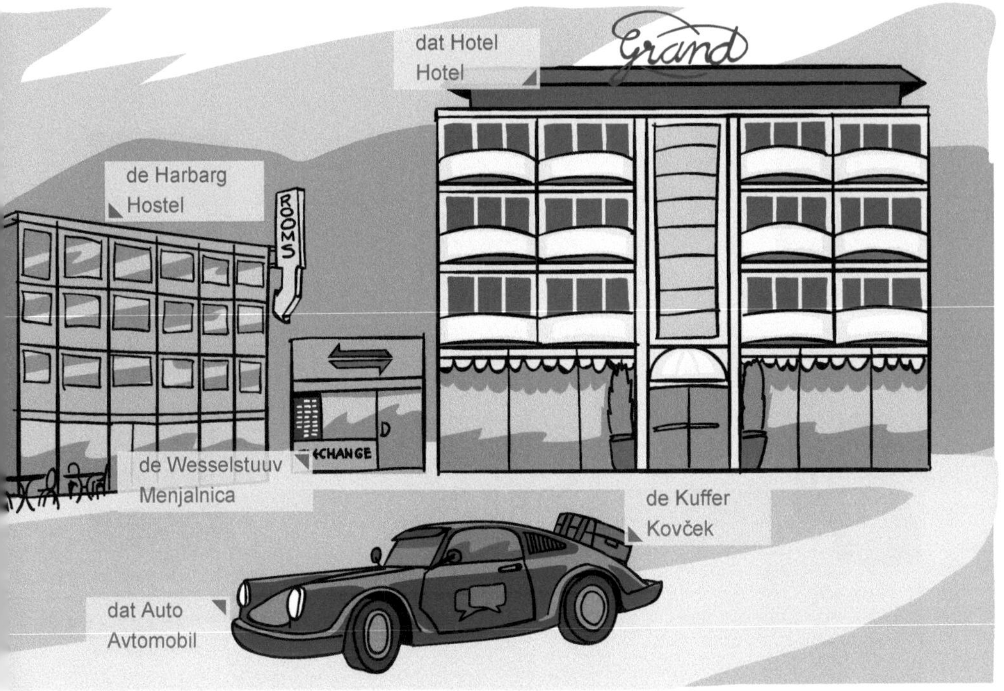

dat Hotel
Hotel
Grand
de Harbarg
Hostel
ROOMS
de Wesselstuuv
Menjalnica
EXCHANGE
de Kuffer
Kovček
dat Auto
Avtomobil

de Spraak

Jezik

jo / ne

da / ne

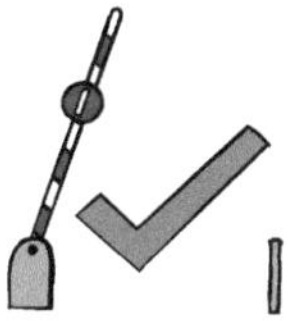

Jo

Prav

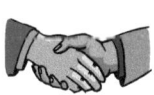

Moin

Pozdravljeni

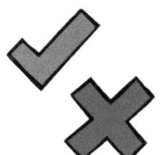

de Översetter

Prevajalec

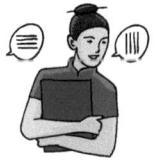

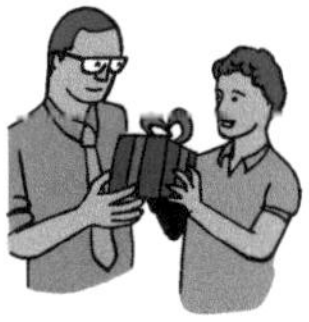

Dank ok

Hvala

Wat kost...?

Koliko stane...?

Ik verstah nich

Ne razumem

dat Problem

Težava

Goden Avend

Dober večer!

Moin!

Dobro jutro!

Gode Nacht!

Lahko noč!

Tschüüs

Nasvidenje

de Richt

Smer

de Bagaasch

Prtljaga

de Tasch

Torba

de Rüchsack

Nahrbtnik

de Gast

Gost

de Stuuv

Soba

de Slaapsack

Spalna vreča

dat Telt

Šotor

Touristeninformatschoon

Turistične informacije

de Strand

Plaža

de Kreditkoort

Kreditna kartica

dat Fröhstück

Zajtrk

dat Meddageten

Kosilo

dat Avendeten

Večerja

de Fohrkort

Vozovnica

de Fohrstohl

Dvigalo

de Breefmark

Znamka

de Grenz

Meja

de Toll

Carina

de Bottschop

Veleposlaništvo

dat Visum

Vizum

de Pass

Potni list

de Transport
Prevoz

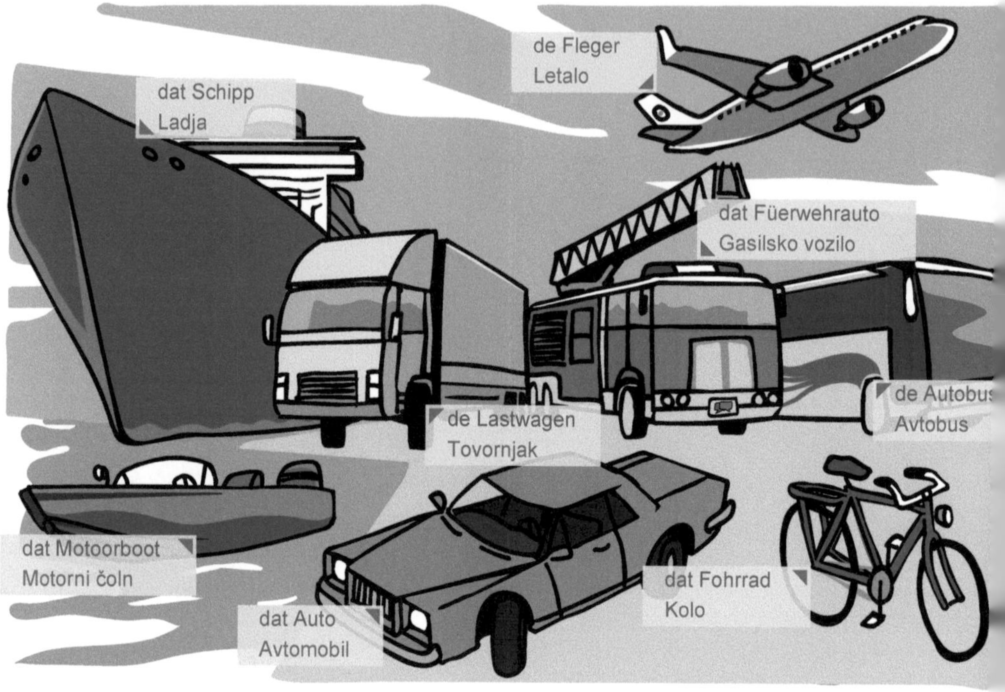

de Fleger
Letalo
dat Schipp
Ladja
dat Füerwehrauto
Gasilsko vozilo
de Autobus
Avtobus
de Lastwagen
Tovornjak
dat Motoorboot
Motorni čoln
dat Fohrrad
Kolo
dat Auto
Avtomobil

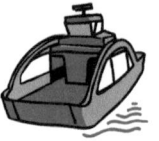

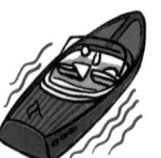

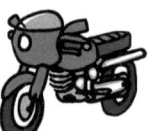

de Fähr

Trajekt

dat Boot

Čoln

dat Motoorrad

Motorno kolo

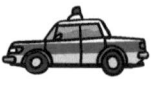

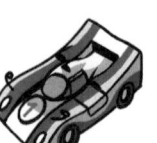

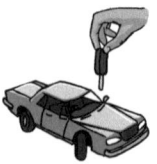

dat Polizeiauto

Policijski avto

dat Rönnauto

Dirkalni avto

de Lehnwagen

Najeto vozilo

dat Carsharing

Souporaba avtomobila

de Afsleepwagen

Avtovleka

dat Müllauto

Smetarsko vozilo

de Motoor

Motor

de Kraftstoff

Gorivo

de Tanksteed

Bencinska postaja

dat Verkehrsschild

Prometni znak

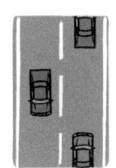

de Verkehr

Promet

de Stau

Zastoj

de Afstellplatz

Parkirišče

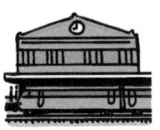

de Bahnhoff

Železniška postaja

de Sporen

Tirnice

de Tog

Vlak

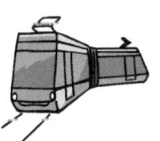

de Stratenbahn

Tramvaj

de Wagon

Vagon

de Dwarsmöhl

Helikopter

de Flooghaven

Letališče

de Tower

Stolp

de Fohrgast

Potnik

de Grootkist

Kontejner

de Karton

Karton

de Koor

Voziček

de Korf

Košara

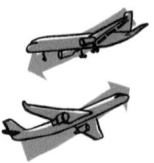

starten / lannen

vzleteti / pristati

de Stadt

Mesto

dat Dörp

Vas

de Binnenstadt

Mestno jedro

dat Huus

Hiša

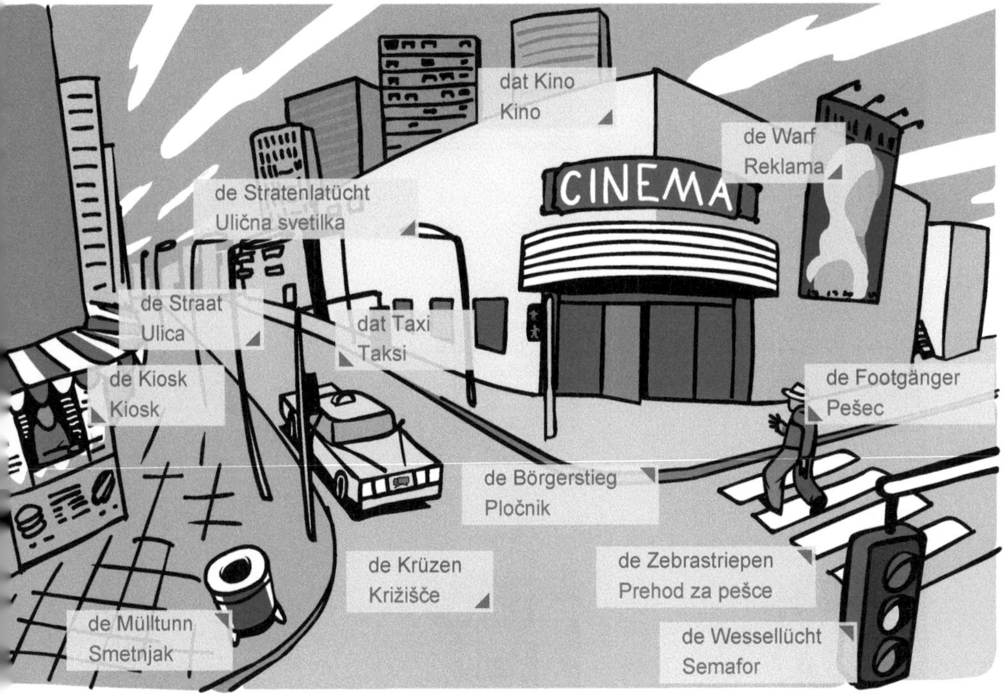

dat Kino
Kino

de Warf
Reklama

de Stratenlatücht
Ulična svetilka

CINEMA

de Straat
Ulica

dat Taxi
Taksi

de Kiosk
Kiosk

de Footgänger
Pešec

de Börgerstieg
Pločnik

de Krüzen
Križišče

de Zebrastriepen
Prehod za pešce

de Mülltunn
Smetnjak

de Wessellücht
Semafor

de Hütt
Koča

de Wahnung
Stanovanje

de Bahnhoff
Železniška postaja

dat Raathuus
Mestna hiša

dat Museum
Muzej

de School
Šola

de Stadt - Mesto

11

de Universität

Univerza

de Bank

Banka

dat Krankenhuus

Bolnišnica

dat Hotel

Hotel

de Afteek

Lekarna

dat Büro

Pisarna

de Bookhökerie

Knjigarna

de Hökerie

Trgovina

de Blomenhökerie

Cvetličarna

de Supermarkt

Supermarket

de Markt

Tržnica

dat Koophuus

Veleblagovnica

de Fischhökerie

Ribarnica

dat Inkoopszentrum

Nakupovalno središče

de Haven

Pristanišče

de Parkanlaag

Park

de Bank

Klop

de Brüch

Most

de Trepp

Stopnice

de Ünnergrundbahn

Podzemna železnica

de Tunnel

Predor

de Busstoppsteed

vtobusno postajališče

de Bar

Bar

dat Spieslokal

Restavracija

de Breefkassen

Poštni nabiralnik

dat Stratenschild

Ulična tabla

de Parkklock

Parkirna ura

de Deertenpark

Živalski vrt

de Baadanstalt

Kopališče

de Moschee

Mošeja

de Buernhoff

Kmetija

de Ümweltversmudden

Onesnaževanje

de Karkhoff

Pokopališče

de Kark

Cerkev

de Speelplatz

Otroško igrišče

de Tempel

Tempelj

de Landschop
Pokrajina

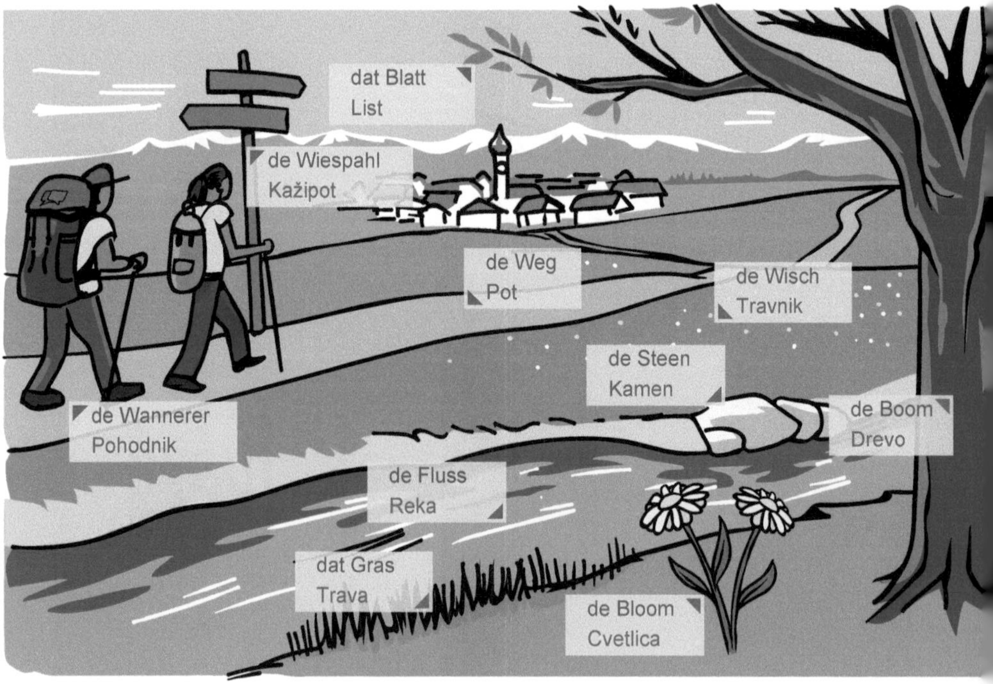

dat Blatt
List

de Wiespahl
Kažipot

de Weg
Pot

de Wisch
Travnik

de Steen
Kamen

de Boom
Drevo

de Wannerer
Pohodnik

de Fluss
Reka

dat Gras
Trava

de Bloom
Cvetlica

dat Daal
Dolina

de Barg
Hrib

de See
Jezero

dat Holt
Gozd

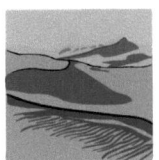

de Wööst
Puščava

de Füerspien Barg
Vulkan

dat Slott
Grad

de Regenbagen
Mavrica

de Poggenstohl
Goba

de Palm
Palma

de Steekmück
Komar

de Fleeg
Muha

de Miegeemk
Mravlja

de Imm
Čebela

de Spinn
Pajek

de Sebber

Hrošč

de Pogg

Žaba

de Katteker

Veverica

de Swienegel

Jež

de Haas

Zajec

de Uul

Sova

de Vagel

Ptič

de Swaan

Labod

dat Wildswien

Divji prašič

de Hirsch

Jelen

de Elk

Los

de Staudamm

Jez

dat Windrad

Vetrnica

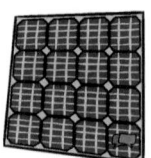

dat Solarmodul

Solarna plošča

dat Klima

Podnebje

dat Spieslokal
Restavracija

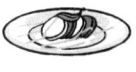

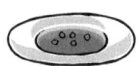

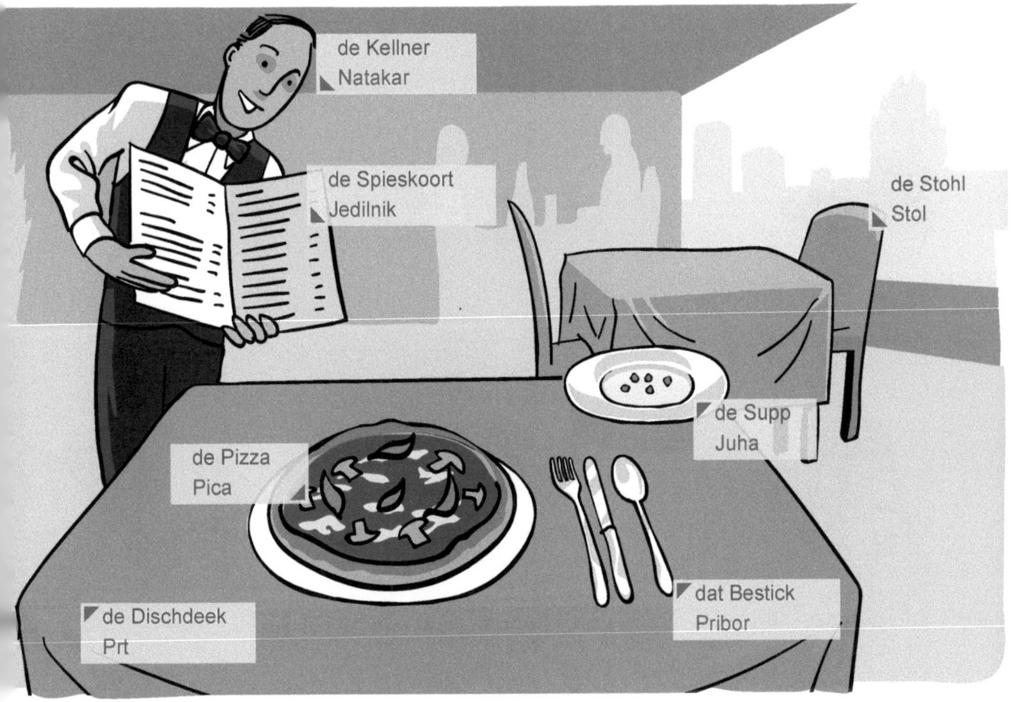

de Kellner
Natakar
de Spieskoort
Jedilnik
de Stohl
Stol
de Supp
Juha
de Pizza
Pica
dat Bestick
Pribor
de Dischdeek
Prt

de Vörspies
Predjed

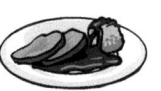

dat Haupteten
Glavna jed

de Nadisch
Sladica

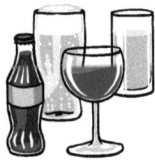

de Drünk
Pijače

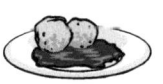

dat Eten
Hrana

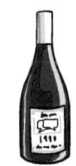

de Buddel
Steklenica

dat Fastfood

Hitra hrana

dat Strateneten

Ulična hrana

de Teekann

Čajnik

de Zuckerdoos

Sladkornica

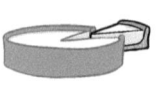

de Portschoon

Porcija

de Espressomaschien

Aparat za espresso

de Hoochstohl

Stolček za hranjenje

de Reken

Račun

dat Tablett

Pladenj

dat Mess

Nož

de Gavel

Vilica

de Lepel

Žlica

de Teelepel

Čajna žlička

dat Munddook

Servieta

dat Glas

Kozarec

de Töller

Krožnik

de Suppentöller

Globoki krožnik

de Ünnertass

Krožniček

de Sooß

Omaka

de Soltstreuer

Solnica

de Pepermöhl

Mlinček za poper

de Etig

Kis

dat Ööl

Olje

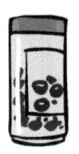

de Krüder

Začimbe

de Ketchup

Kčap

de Mostrich

Gorčica

de Mayonnaise

Majoneza

de Supermarkt
Supermarket

dat Anbott
Posebna ponudba
FOR
de Kunn
Stranka
de Melkprodukten
Mlečni izdelki
dat Aaft
Sadje
de Inkoopswagen
Nakupovalni voziček

BUTCHERS

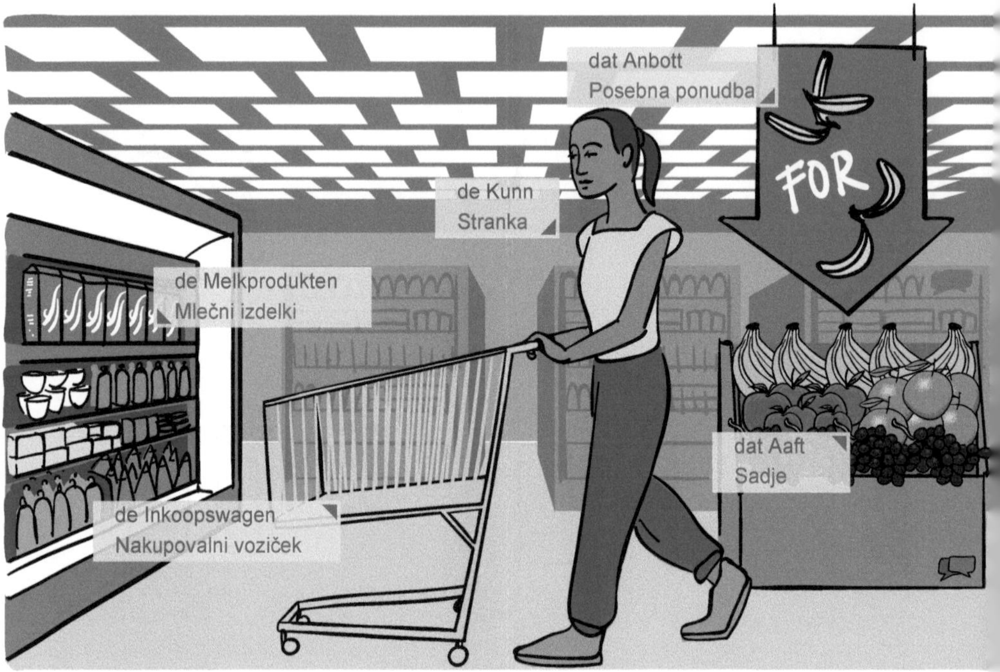

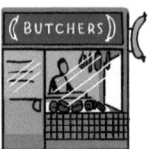

de Slachterie

Mesnica

BAKERY

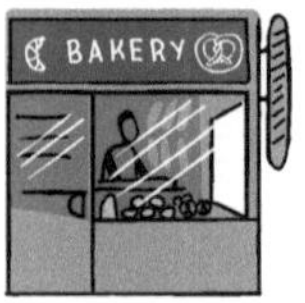

de Bäckerie

Pekarna

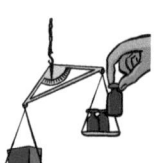

wegen

Tehtati

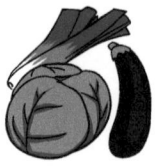

de Gröönsaken

Zelenjava

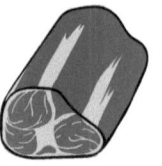

dat Fleesch

Meso

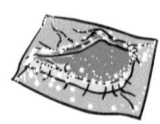

de Deepköhlkost

Zamrznjena hrana

de Opsnitt

Hladne mesnine

de Konserven

Konzerve

de Waschmiddel

Pralni prašek

de Snoopkraam

Sladkarije

de Huushooltssaken

Gospodinjski izdelki

de Reinmaaktüüch

Čistilno sredstvo

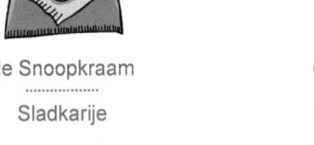

de Verköpersche

Prodajalka

de Kass

Blagajna

de Kasserer

Blagajnik

de Inkoopslist

Nakupovalni seznam

de Opsparrtieden

Delovnl čas

de Breeftasch

Denarnica

de Kreditkoort

Kreditna kartica

de Tasch

Torba

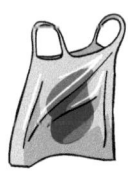

de Plastiktüüt

Plastična vrečka

dat Water

Voda

de Saft

Sok

de Melk

Mleko

de Cola

Kola

de Wien

Vino

dat Beer

Pivo

de Spriet

Alkohol

de Kakao

Kakav

de Tee

Čaj

de Koffie

Kava

de Espresso

Espresso

de Cappucino

Kapučino

de Banaan

Banana

de Appel

Jabolko

de Appelsien

Pomaranča

de Meloon

Lubenica

de Zitroon

Limona

de Wöttel

Korenje

de Knuuvlook

Česen

de Bambus

Bambus

de Zibbel

Čebula

de Poggenstohl

Goba

de Nööt

Oreščki

de Nudeln

Rezanci

de Spaghetti

Špageti

de Ries

Riž

de Salat

Solata

de Pommes frites

Ocvrt krompirček

de Braadkantüffeln

Pečen krompir

de Pizza

Pica

de Hamborger

Hamburger

dat Sandwich

Sendvič

dat Snitzel

Zrezek

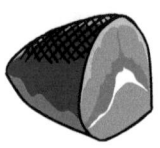

de Schinken

Šunka

de Salami

Salama

de Wust

Klobasa

dat Hohn

Piščanec

de Braden

Pečenka

de Fisch

Riba

de Haverflocken

Ovseni kosmiči

dat Müsli

Musli

de Cornflakes

Koruzni kosmiči

dat Mehl

Moka

de Croissant

Rogljiček

dat Rundstück

Žemlja

dat Broot

Kruh

dat Toast

Prepečenec

de Keksen

Piškoti

de Botter

Maslo

de Quark

Skuta

de Koken

Torta

dat Ei

Jajce

dat Spegelei

Pečeno jajce na oko

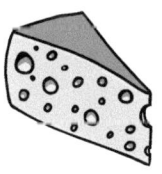

de Kees

Sir

de Ies
Sladoled

de Zucker
Sladkor

de Honnig
Med

de Marmelaad
Marmelada

de Nougat-Creme
Čokoladni namaz

dat Curry
Kari

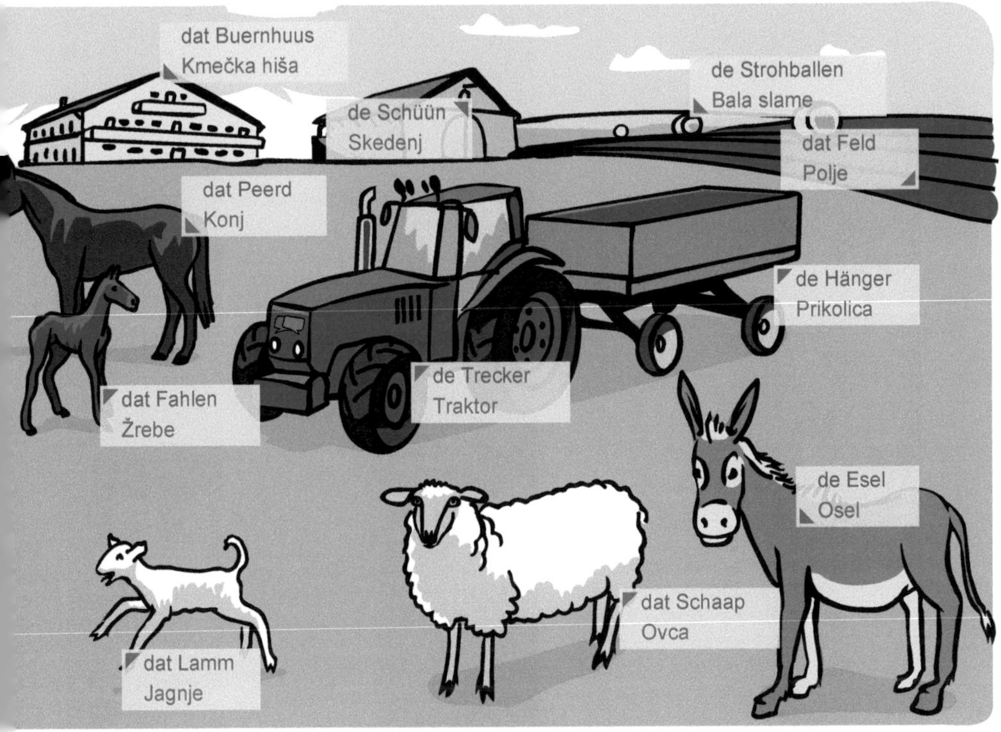

dat Buernhuus
Kmečka hiša

de Schüün
Skedenj

de Strohballen
Bala slame

dat Feld
Polje

dat Peerd
Konj

de Hänger
Prikolica

dat Fahlen
Žrebe

de Trecker
Traktor

de Esel
Osel

dat Schaap
Ovca

dat Lamm
Jagnje

de Zeeg
Koza

de Koh
Krava

dat Kalf
Tele

dat Swien
Prašič

dat Farken
Pujsek

de Bull
Bik

de Goos

Gos

de Aant

Raca

dat Küken

Piščanec

dat Hohn

Kokoš

de Hahn

Petelin

de Rott

Podgana

de Katt

Mačka

de Muus

Miš

de Oss

Vol

de Hund

Pes

de Hunnenhütt

Pasja uta

de Goornslauch

Cev za zalivanje

de Geetkann

Kangla za zalivanje

de Lee

Kosa

de Ploog

Plug

de Sich

Srp

de Hack

Motika

de Mestfork

Vile

de Ext

Sekira

de Schuufkoor

Samokolnica

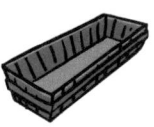

de Trog

Korito

de Melkkann

Kangla za mleko

de Sack

Vreča

de Tuun

Ograja

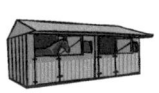

de Stall

Hlev

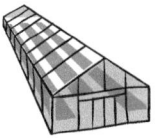

dat Drievhuus

Rastlinjak

de Bodden

Prst

de Saat

Seme

de Dünger

Gnojilo

de Meihdöscher

Kombajn

oornen

Žeti

de Oorn

Žetev

de Yamswöttel

Jam

de Weten

Pšenica

dat Soja

Soja

de Kantüffel

Krompir

de Törksche Weten

Koruza

de Rapp

Oljna ogrščica

de Aaftboom

Sadno drevo

de Troopsch Kantüffel

Maniok

dat Koorn

Žito

dat Huus
Hiša

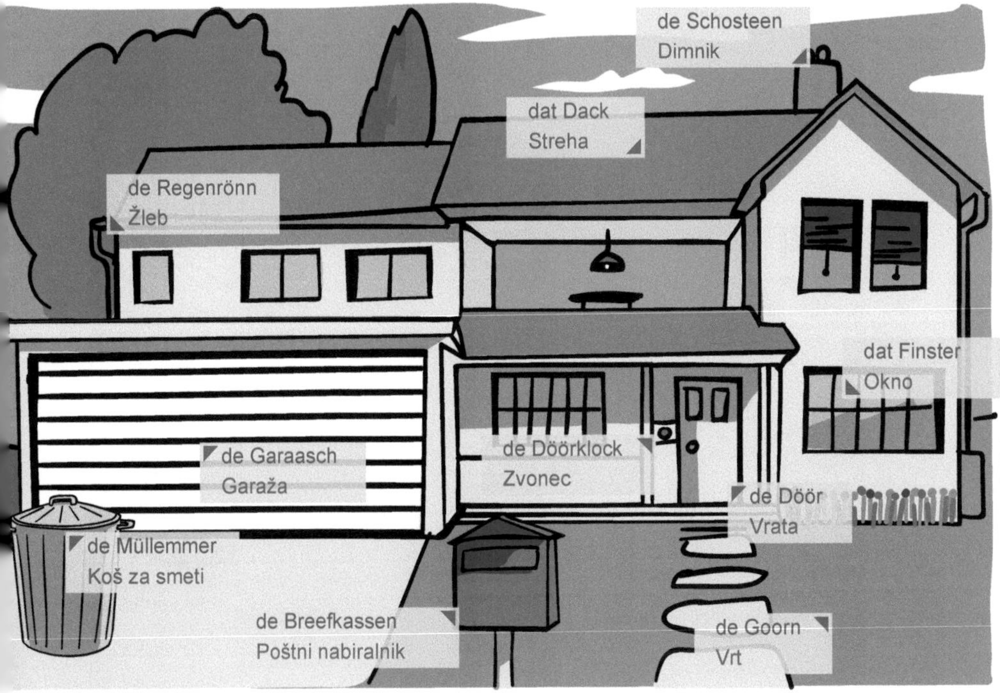
de Schosteen
Dimnik
dat Dack
Streha
de Regenrönn
Žleb
dat Finster
Okno
de Garaasch
Garaža
de Döörklock
Zvonec
de Döör
Vrata
de Müllemmer
Koš za smeti
de Breefkassen
Poštni nabiralnik
de Goorn
Vrt

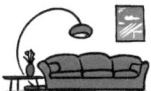

de Wahnstuuv
Dnevna soba

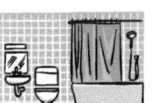

de Baadstuuv
Kopalnica

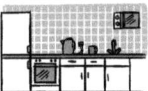

de Köök
Kuhinja

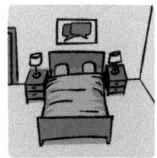

de Slaapstuuv
Spalnica

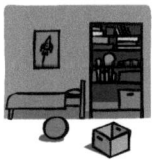

de Kinnerstuuv
Otroška soba

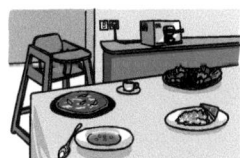

de Eetstuuv
Jedilnica

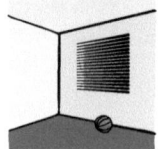

de Footbodden

Tla

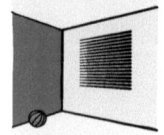

de Wand

Stena

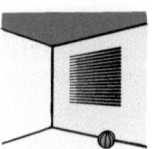

de Deek

Strop

de Keller

Klet

dat Hittluftbad

Savna

de Balkon

Balkon

de Terrass

Terasa

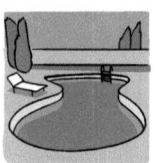

dat Swümmbad

Bazen

de Rasenmeiher

Kosilnica

de Bettbetog

Rjuha

de Bettdeek

Posteljno pregrinjalo

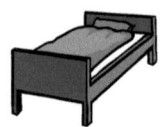

de Puuch

Postelja

de Bessen

Metla

de Emmer

Vedro

de Schalter

Stikalo

de Wahnstuuv

Dnevna soba

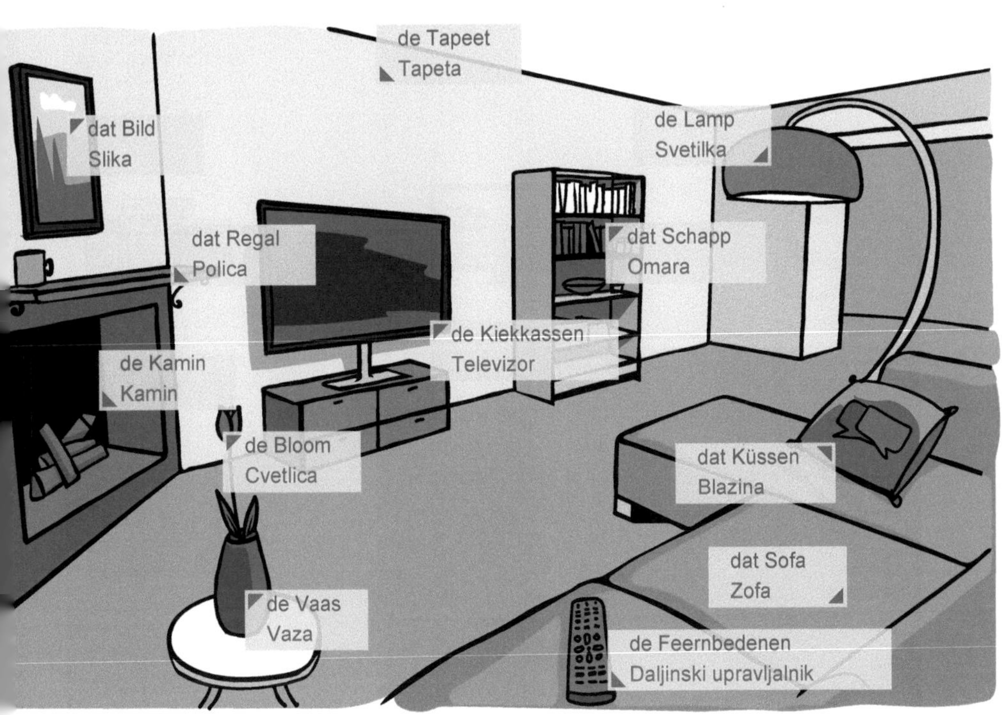

de Tapeet
Tapeta
dat Bild
Slika
de Lamp
Svetilka
dat Regal
Polica
dat Schapp
Omara
de Kiekkassen
Televizor
de Kamin
Kamin
de Bloom
Cvetlica
dat Küssen
Blazina
dat Sofa
Zofa
de Vaas
Vaza
de Feernbedenen
Daljinski upravljalnik

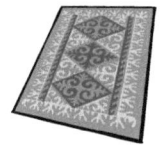

de Teppich

Preproga

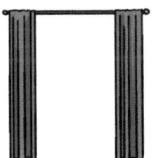

de Vörhang

Zavesa

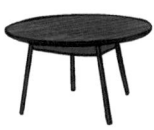

de Disch

Miza

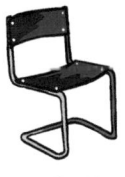

de Stohl

Stol

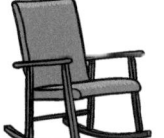

de Schuckelstohl

Gugalnik

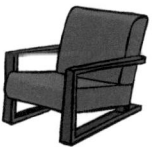

de Sessel

Naslanjač

dat Book
Knjiga

de Deek
Odeja

de Dekoratschoon
Dekoracija

dat Füerholt
Drva

de Film
Film

de Stereoanlaag
Glasbeni stolp

de Slötel
Ključ

dat Narichtenblatt
Časopis

dat Gemälde
Slika

dat Poster
Plakat

dat Radio
Radio

de Opschrievblock
Beležka

de Huulbessen
Sesalnik

de Kaktus
Kaktus

de Kars
Sveča

de Köök
Kuhinja

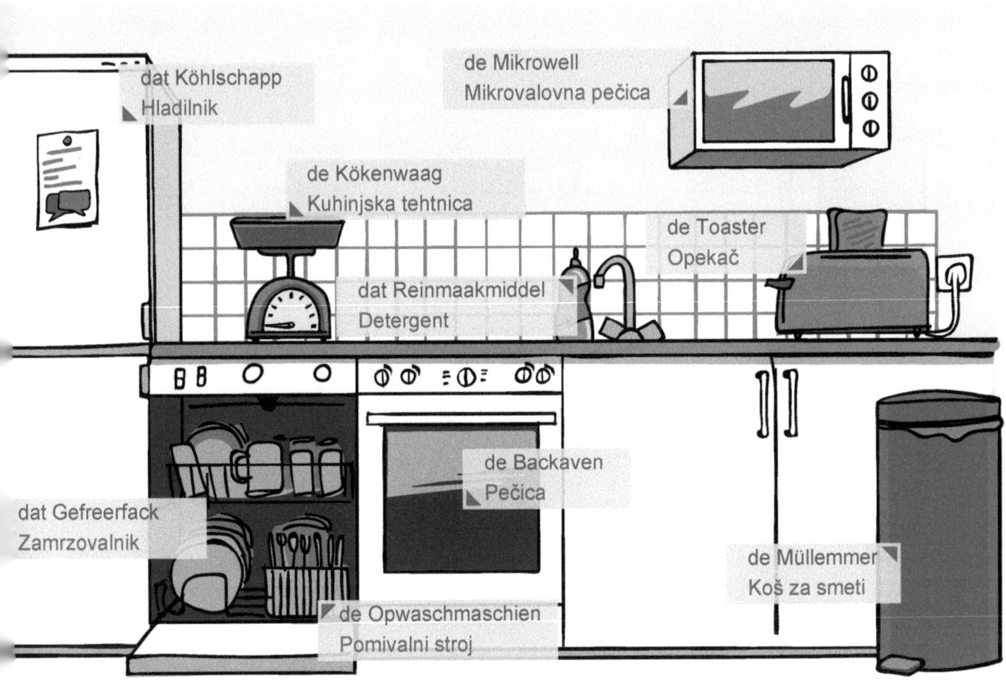
dat Köhlschapp
Hladilnik
de Mikrowell
Mikrovalovna pečica
de Kökenwaag
Kuhinjska tehtnica
de Toaster
Opekač
dat Reinmaakmiddel
Detergent
de Backaven
Pečica
dat Gefreerfack
Zamrzovalnik
de Müllemmer
Koš za smeti
de Opwaschmaschien
Pomivalni stroj

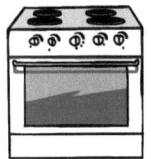

de Heerd

Kozica

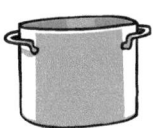

de Pott

Lonec

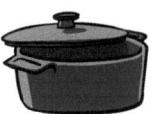

de Gussiesern Putt

Litoželezni lonec

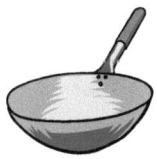

de Wok / Kadai

Vok / kadai

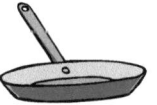

de Pann

Ponev

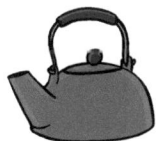

de Waterkaker

Kotliček

de Dampkaakputt

Parni kuhalnik

dat Backblick

Pekač

dat Geschirr

Posoda

de Beker

Skodelica

de Schaal

Skleda

de Eetsticken

Jedilne paličice

de Suppenkell

Zajemalka

de Pannenwenner

Lopatica

de Sneebessen

Metlica

dat Kaakseef

Cedilnik

dat Seef

Cedilo

de Riev

Strgalo

de Mörser

Možnar

de Grill

Žar

de Füerstell

Ognjišče

dat Sniedbrett

Deska za rezanje

dat Nudelholt

Valjar

de Proppentrecker

Odpirač za steklenice

de Doos

Pločevinka

de Dosenaapner

Odpirač za konzerve

de Pottlappen

Prijemalka za posodo

dat Waschbecken

Korito

de Böst

Ščetka

de Swamm

Goba

de Mixer

Mešalnik

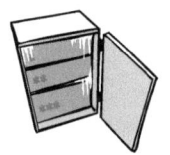

dat Iesschapp

Zamrzovalna skrinja

de Nuckelbuddel

Steklenička

de Waterhahn

Pipa

de Baadstuuv
Kopalnica

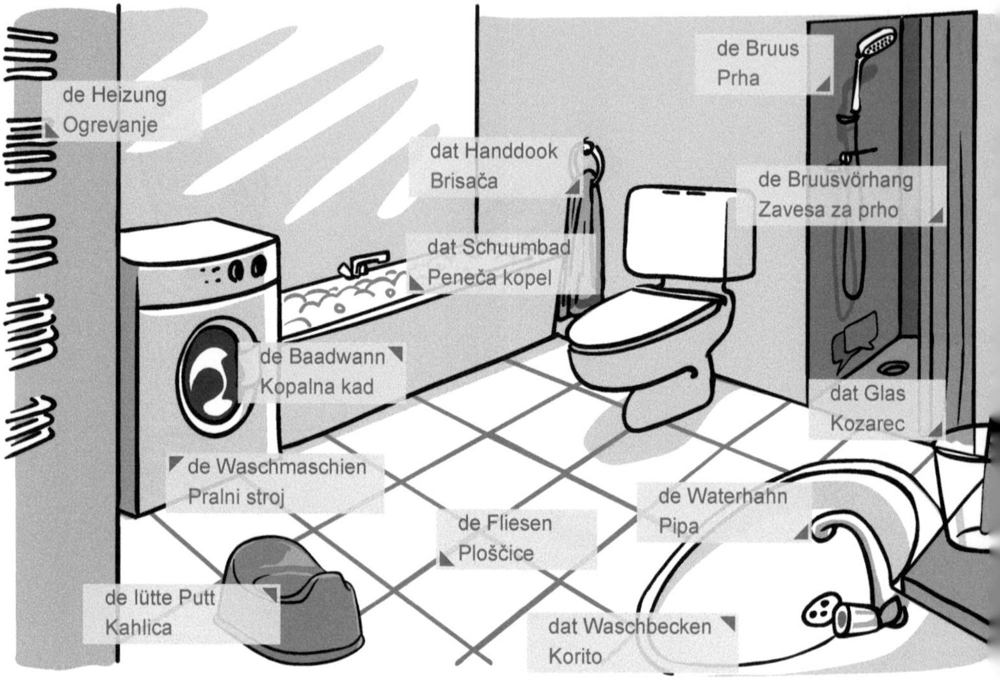
de Bruus
Prha
de Heizung
Ogrevanje
dat Handdook
Brisača
de Bruusvörhang
Zavesa za prho
dat Schuumbad
Peneča kopel
de Baadwann
Kopalna kad
dat Glas
Kozarec
de Waschmaschien
Pralni stroj
de Waterhahn
Pipa
de Fliesen
Ploščice
de lütte Putt
Kahlica
dat Waschbecken
Korito

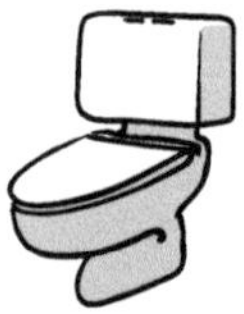

de Tante Meier

Stranišče

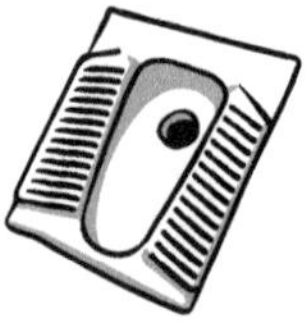

de Hockklo

Stranišče na počep

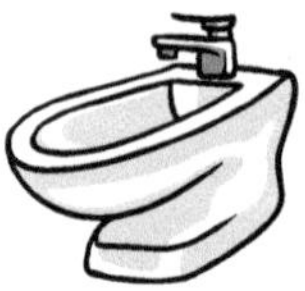

dat Bidet

Bide

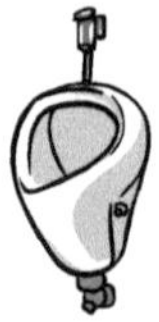

dat Miegbecken

Pisoar

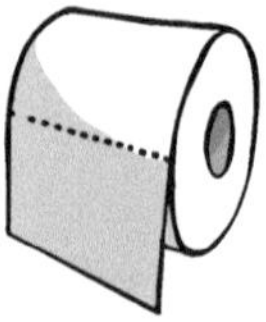

dat Klopapeer

Toaletni papir

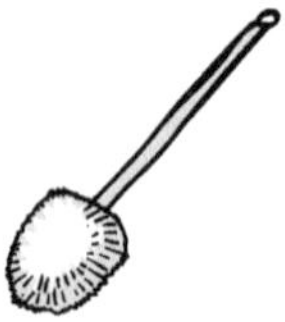

de Kloböst

Ščetka za straniščno školjko

de Tähnböst

Zobna ščetka

de Tähnpast

Zobna pasta

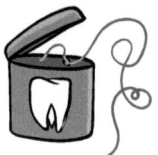

de Tähnsied

Zobna nitka

waschen

Umiti se

de Handbruus

Ročna prha

de Intimbruus

Prha za intimne dele

de Waschschöttel

Umivalnik

de Rüchböst

Krtača za hrbet

de Seep

Milo

dat Bruusgeel

Gel za prhanje

dat Hoorwaschmiddel

Šampon

de Waschlappen

Krpica za miljenje

de Afloop

Odtok

de Creme

Krema

dat Deodorant

Deodorant

de Spegel

Ogledalo

de Kosmetikspegel

Ročno ogledalo

de Raserer

Britvica

de Raseerschuum

Pena za britje

dat Raseerwater

Vodica po britju

de Kamm

Glavnik

de Böst

Ščetka

de Hoordröger

Sušilnik za lase

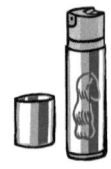

dat Hoorspray

Lak za lase

de Smink

Ličila

de Lippensticken

Šminka

de Nagellack

Lak za nohte

de Watt

Vatirane blazinice

de Nagelscheer

Škarjice za nohte

dat Rüükwater

Parfum

de Kulturbüdel

Toaletna torbica

de Schemel

Stol brez naslonjala

de Waag

Osebna tehtnica

de Baadmantel

Kopalni plašč

de Gummihanschen

Gumijaste rokavice

de Tampon

Tampon

de Damenbinn

Damski vložki

dat Chemieklo

Kemično stranišče

de Kinnerstuuv

Otroška soba

de Wecker
Budilka
dat Knudeldeert
Plišasta igrača
dat Speeltüüchauto
Avtomobilček
de Klöter
Ropotuljica
dat Poppenhuus
Hiška za punčke
dat Geschenk
Darilo

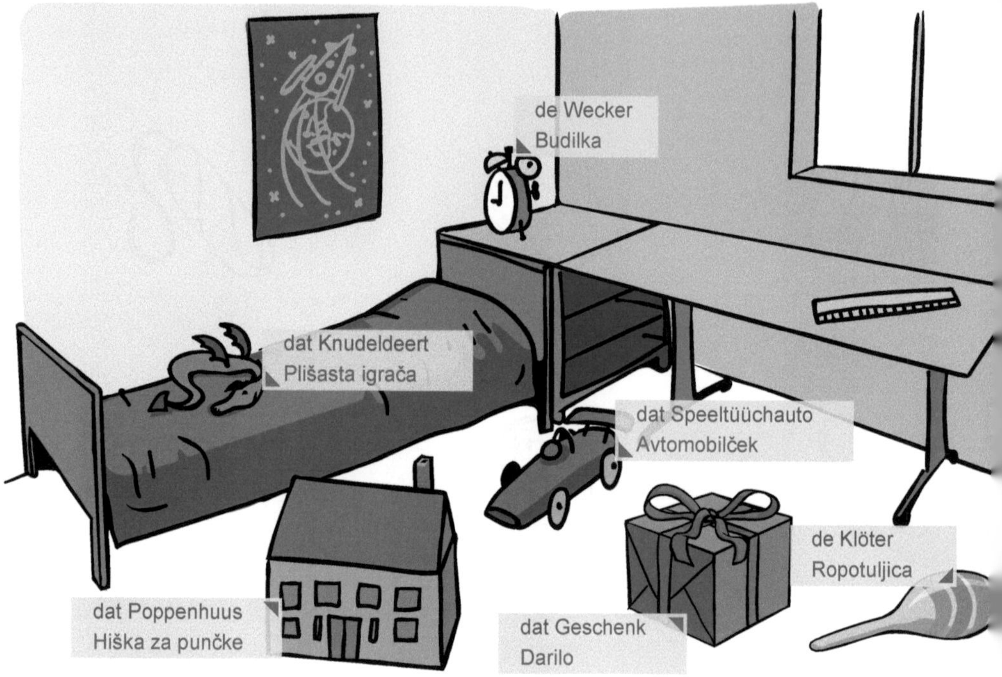

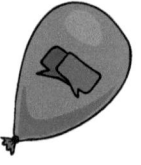

de Luftballon

Balon

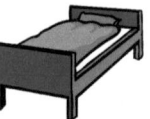

de Puuch

Postelja

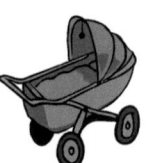

de Kinnerwagen

Otroški voziček

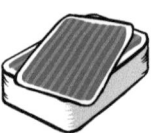

dat Koortenspeel

Igralne karte

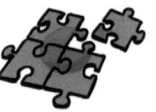

dat Puzzle

Sestavljanka

SUPER
MEGA

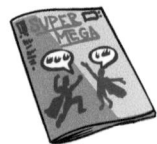

de Billergeschicht

Strip

de Legostenen
Lego kocke

de Bustenen
Igralne kocke

de Action-Figur
Akcijska figura

de Strampelantog
Bodi

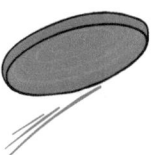

de Frisbeeschiev
Frizbi

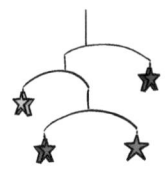

dat Mobile
Vrtiljak za posteljico

dat Brettspeel
Namizna igra

de Wörpel
Kocka

de Modelliesenbahn
Komplet modelov vlakov

de Snuller
Duda

de Party
Zabava

dat Billerbook
Slikanica

de Ball
Žoga

de Popp
Lutka

spelen
Igrati se

de Sandkassen

Peskovnik

de Schuckel

Gugalnica

dat Speeltüüch

Igrače

de Speelkonsool

Igralna konzola

dat Dreerad

Tricikel

de Teddyboor

Plišasti medvedek

dat Klederschapp

Garderoba

dat Tüüch

Oblačilo

de Socken

Nogavice

de Strümp

Samostoječe nogavice

de Strumpbüx

Hlačne nogavice

dat Halsdook
Šal

de Liefreem
Pas

de Paraplü
Dežnik

dat T-Shirt
Majica s kratkimi rokavi

de Turnschoh
Športni copati

de Stevel
Škornji

de Puuschen
Copati

de Sandalen	de Schoh	de Gummistevel
Sandali	Čevlji	Gumijasti škornji
de Ünnerbüx	de Bostholler	dat Ünnerhemd
Spodnje hlače	Modrček	Telovnik

de Lief

Bodi

de Büx

Hlače

de Jeansnüx

Kavbojke

de Rock

Krilo

de Bluus

Bluza

dat Hemd

Srajca

de Pullover

Pulover

de Kapuzenpullover

Pletena jopica

de Blazer

Jopa

de Jack

Jakna

de Mantel

Plašč

de Övertrecker

Dežni plašč

dat Kostüm

Kostim

dat Kleed

Obleka

dat Hochtietskleed

Poročna obleka

dat Tüüch - Oblačilo

de Antog

Obleka

dat Nachtkleed

Spalna srajca

de Slaapantog

Pižama

de Sari

Sari

dat Koppdook

Naglavna ruta

de Turban

Turban

de Burka

Burka

de Kaftan

Kaftan

de Abaya

Abaja

de Baadantog

Kopalke

de Baadbüx

Kopalne hlače

de Korte Büx

Kratke hlače

de Antog to'n Öven

Trenirka

de Schört

Predpasnik

de Handschoh

Rokavice

de Knopp

Gumb

de Brill

Očala

dat Armband

Zapestnica

de Halskeed

Verižica

de Ring

Prstan

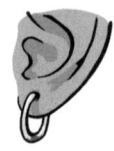

de Ohrbummel

Uhan

de Mütz

Kapa

de Klederbögel

Obešalnik

de Hoot

Klobuk

de Binner

Kravata

de Rietslüter

Zadrga

de Helm

Čelada

dat Drachtband

Naramnice

de Schooluniform

Šolska uniforma

de Uniform

Uniforma

de Severböten
Slinček

de Snuller
Duda

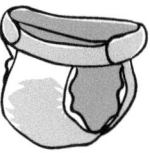

de Winnel
Plenica

dat Büro
Pisarna

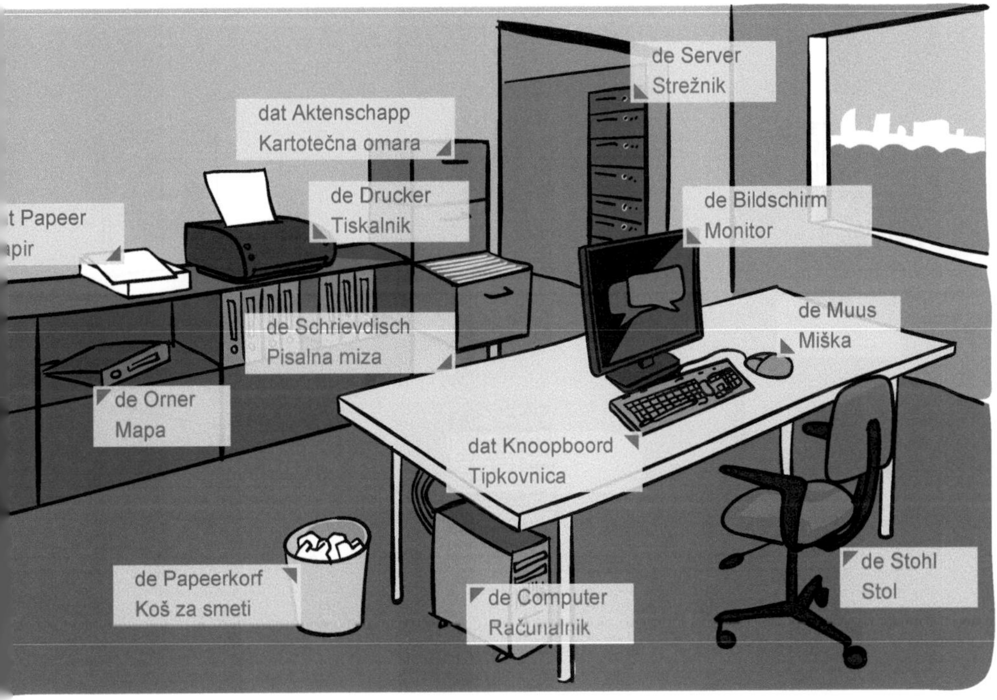

de Server
Strežnik

dat Aktenschapp
Kartotečna omara

de Drucker
Tiskalnik

de Bildschirm
Monitor

t Papeer
pir

de Schrievdisch
Pisalna miza

de Muus
Miška

de Orner
Mapa

dat Knoopboord
Tipkovnica

de Papeerkorf
Koš za smeti

de Stohl
Stol

de Computer
Računalnik

de Koffiebeker
Lonček za kavo

de Taschenreekner
Kalkulator

dat Internet
Internet

de Klappreekner

Prenosnik

de Breef

Pismo

de Naricht

Sporočilo

de Ackersnacker

Mobilnik

dat Nettwark

Omrežje

de Kopeerapparat

Kopirni stroj

de Software

Programska oprema

de Klöönkassen

Telefon

de Steekdoos

Vtičnica

de Faxapparat

Telefaks

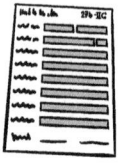

dat Formulor

Obrazec

dat Dokument

Dokument

köpen

Kupiti

betahlen

Plačati

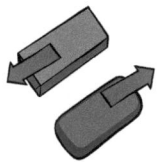

hanneln

Trgovati

dat Geld

Denar

de Dollar

Dolar

de Euro

Evro

de Yen

Jen

de Ruvel

Rubelj

de Swiezer Franken

Švičarski frank

de Renminbi Yuan

Kitajski juan renminbi

de Rupie

Rupija

de Geldautomat

Bankomat

de Wesselstuuv

Menjalnica

dat Gold

Zlato

dat Sülver

Srebro

dat Ööl

Nafta

de Energie

Energija

de Pries

Cena

de Verdrag

Pogodba

de Stüer

Davek

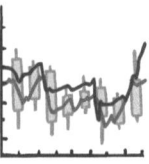

de Andeelschien

Delnice

arbeiden

Delati

de Anstellte

Delojemalec

de Arbeitgever

Delodajalec

de Fabrik

Tovarna

de Hökerie

Trgovina

de Wachtmeester
Policist

de Füerwehrmann
Gasilec

de Kock
Kuhar

de Dokter
Zdravnik

de Fleger
Pilot

de Goorner

Vrtnar

de Discher

Mizar

de Neihersche

Šivilja

de Richter

Sodnik

de Chemiker

Kemik

de Schauspeler

Igralec

de Busfohrer

Voznik avtobusa

de Taxifohrer

Taksist

de Fischer

Ribič

de Reinmaakfru

Čistilka

de Dackdecker

Krovec

de Kellner

Natakar

de Jäger

Lovec

de Maler

Pleskar

de Bäcker

Pek

de Elektriker

Električar

de Buarbeider

Gradbenik

de Ingenieur

Inženir

de Slachter

Mesar

de Klempner

Vodovodni inštalater

de Postbüdel

Poštar

de Suldat

Vojak

de Architekt

Arhitekt

de Kasserer

Blagajnik

de Florist

Cvetličar

de Putzbüdel

Frizer

de Schaffner

Sprevodnik

de Mechaniker

Mehanik

de Kaptein

Kapitan

de Tähndokter

Zobozdravnik

de Wetenschopler

Znanstvenik

de Rabbi

Rabin

de Imam

Imam

de Mönk

Menih

de Paap

Duhovnik

dat Warktüüch

Orodje

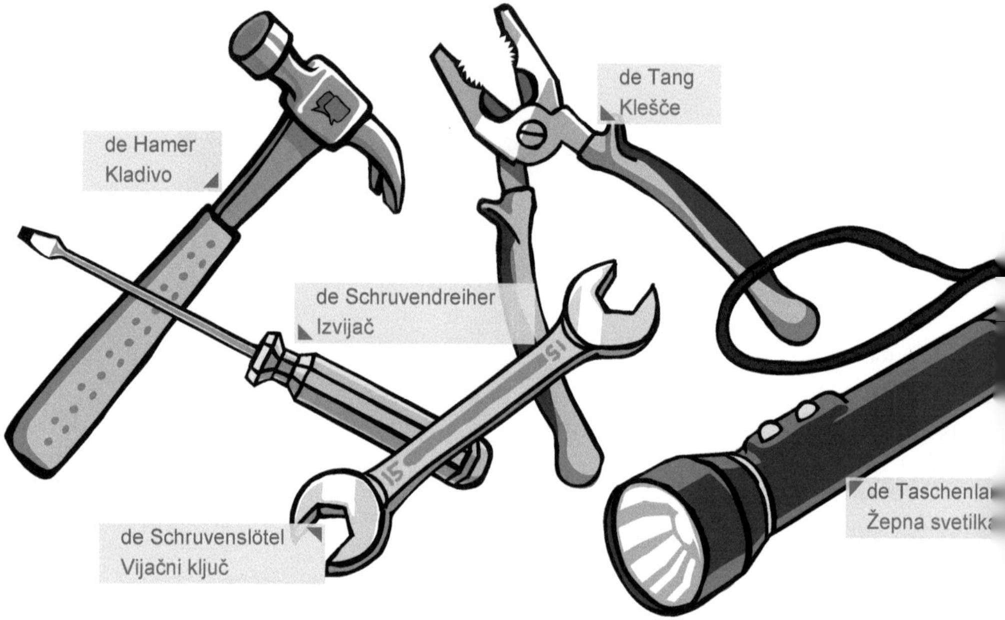
de Hamer
Kladivo
de Tang
Klešče
de Schruvendreiher
Izvijač
de Schruvenslötel
Vijačni ključ
de Taschenla
Žepna svetilk

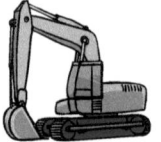

de Grieper

Bager

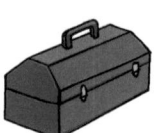

de Warktüüchkassen

Zaboj z orodjem

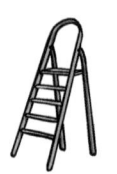

de Ledder

Lestev

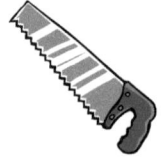

de Saag

Žaga

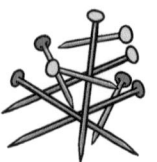

de Nagels

Žeblji

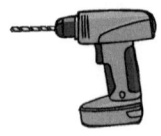

de Bohrer

Vrtalnik

heelmaken
Popraviti

de Schüffel
Lopata

Schiet!
Šment!

dat Kehrblick
Smetišnica

de Farvpott
Posoda z barvo

de Schruven
Vijaki

de Musikinstrumenten
Glasbeni instrument

dat Slagtüüch
Tolkala

de Luutsnacker
Zvočnik

de Bass-Vigelien
Kontrabas

de Trumpeet
Trobenta

de Rietfiedel
Kitara

dat Klaveer

Klavir

de Vigelien

Violina

de Bass

Bas kitara

de Pauk

Pavke

de Trummeln

Bobni

dat Keyboard

Sintetizator

dat Saxophon

Saksofon

de Fleut

Flavta

dat Mikrofoon

Mikrofon

de Deertenpark

Živalski vrt

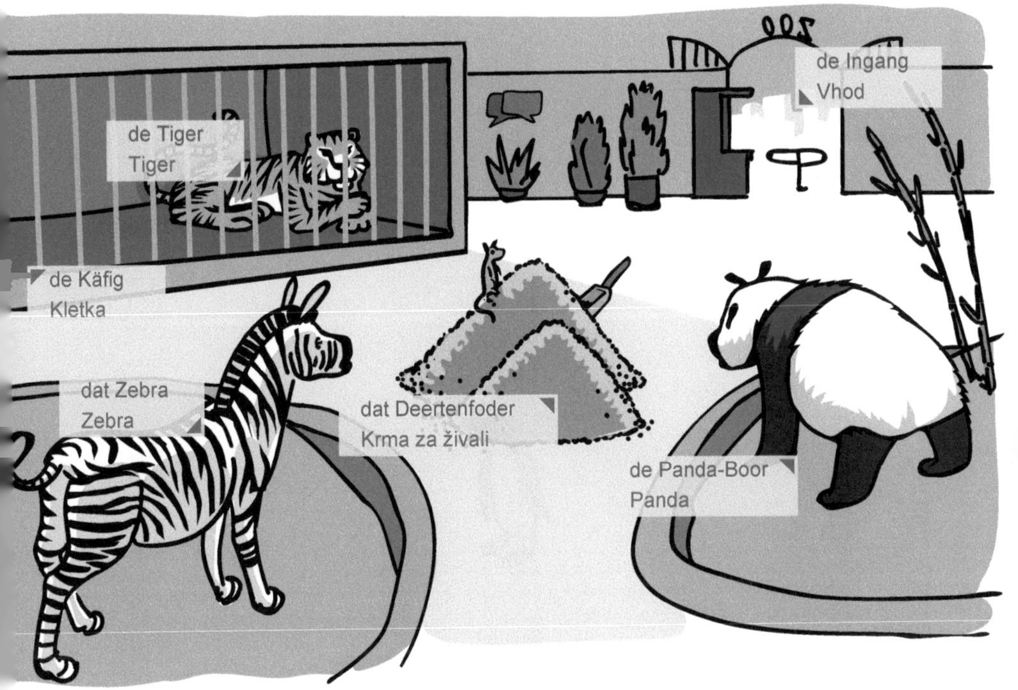

zoo
de Ingang
Vhod
de Tiger
Tiger
de Käfig
Kletka
dat Zebra
Zebra
dat Deertenfoder
Krma za živali
de Panda-Boor
Panda

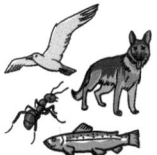

de Deerten

Živali

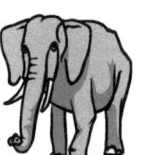

de Elefant

Slon

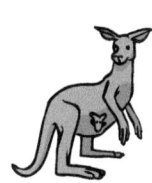

dat Känguru

Kenguru

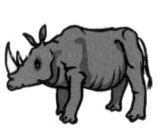

dat Neeshoorn

Nosorog

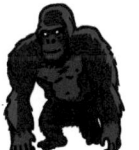

de Gorilla

Gorila

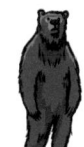

de Boor

Medved

dat Kameel

Kamela

de Struuß

Noj

de Lööv

Lev

de Aap

Opica

de Flamingo

Plamenec

de Papagoi

Papagaj

de Iesboor

Severni medved

de Pinguin

Pingvin

de Haifisch

Morski pes

de Pageluun

Pav

de Slang

Kača

dat Krokodil

Krokodil

de Oppasser in'n
Deertenpark
Oskrbnik v živalskem vrtu

de Saalhund

Tjulenj

de Jaguor

Jaguar

dat Pony
Poni

de Leopard
Leopard

dat Nilpeerd
Povodni konj

de Giraff
Žirafa

de Aadler
Orel

dat Wildswien
Divji prašič

de Fisch
Riba

de Schildkrööt
Želva

dat Walross
Mrož

de Voss
Lisica

de Gazell
Gazela

de Amerikaansch Football
Ameriški nogomet

dat Radfohren
Kolesarjenje

dat Tennis
Tenis

de Korfball
Košarka

dat Swümmen
Plavanje

dat Boxen
Boks

dat Ieshockey
Hokej

de Football
Nogomet

dat Fedderball
Badminton

de Leichtathletik
Atletika

de Handball
Rokomet

dat Skilopen
Smučanje

dat Polo
Polo

de Aktivitäten
Dejavnosti

lachen
Smejati se
springen
Skočiti
ümarmen
Objeti
gahn
Hoditi
singen
Peti
drömen
Sanjati
beden
Moliti
snuteln
Poljubiti

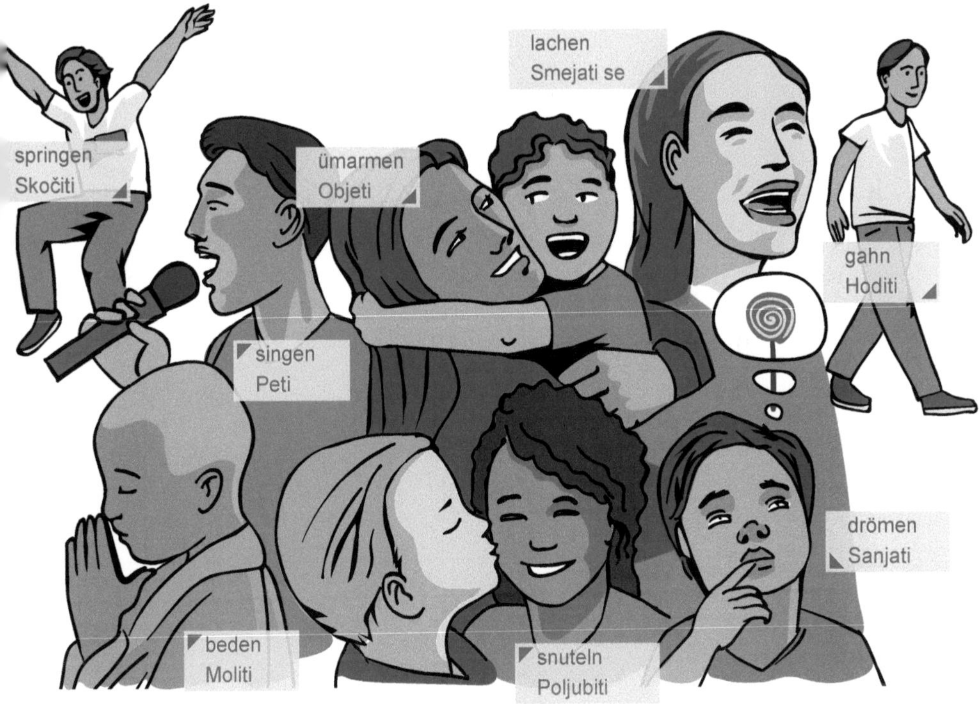

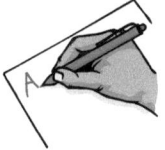

schrieven
....
Pisati

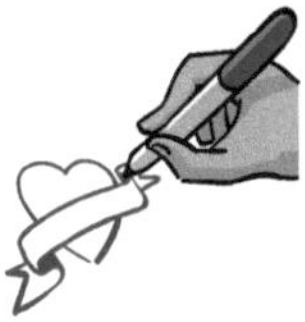

teken
....
Risati

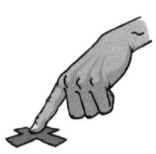

wiesen
....
Pokazati

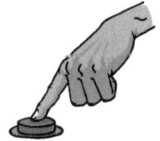

drücken
....
Potisniti

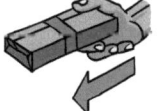

geven
....
Dati

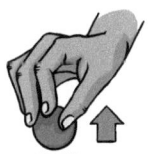

nehmen
....
Vzeti

hebben
Imeti

doon
Narediti

sien
Biti

stahn
Stati

lopen
Teči

trecken
Vleči

smieten
Vreči

fallen
Pasti

liggen
Ležati

töven
Čakati

dregen
Nositi

sitten
Sedeti

antrecken
Obleči se

slapen
Spati

opwaken
Zbuditi se

ankieken

Gledati

wenen

Jokati

eien

Božati

kämmen

Česati se

snacken

Govoriti

verstahn

Razumeti

fragen

Vprašati

hören

Poslušati

drinken

Piti

eten

Jesli

oprümen

Pospraviti

leefhebben

Ljubiti

kaken

Kuhati

fohren

Voziti

flegen

Leteti

segeln

Jadrati

reken

Računanje

lesen

Brati

lehren

Učiti se

arbeiden

Delati

de Plünnen tohoopsmieten

Poročiti se

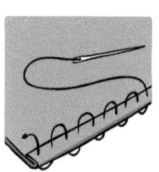

neihen

Šivati

Tähnen putzen

Ščetkati si zobe

dootmaken

Ubiti

smöken

Kaditi

schicken

Poslati

de Familje

Družina

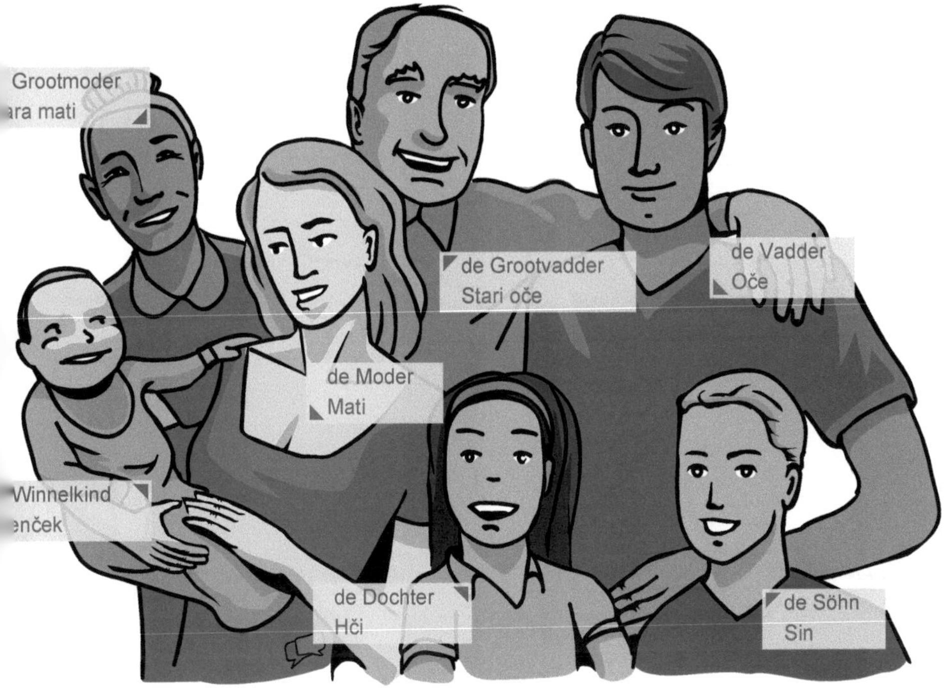
Grootmoder
ara mati
de Grootvadder
Stari oče
de Vadder
Oče
de Moder
Mati
Winnelkind
nček
de Dochter
Hči
de Söhn
Sin

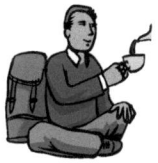

de Gast

Gost

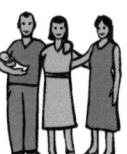

de Tant

Teta

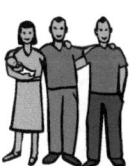

de Unkel

Stric

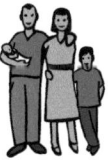

de Broder

Brat

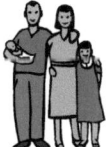

de Süster

Sestra

de Lief

Telo

de Vörkopp
Čelo
dat Oog
Oko
de Schuller
Rama
de Finger
Prst
dat Gesicht
Obraz
dat Kinn
Brada
de Hand
Dlan
dat Been
Noga
de Bost
Prsi
de Arm
Roka

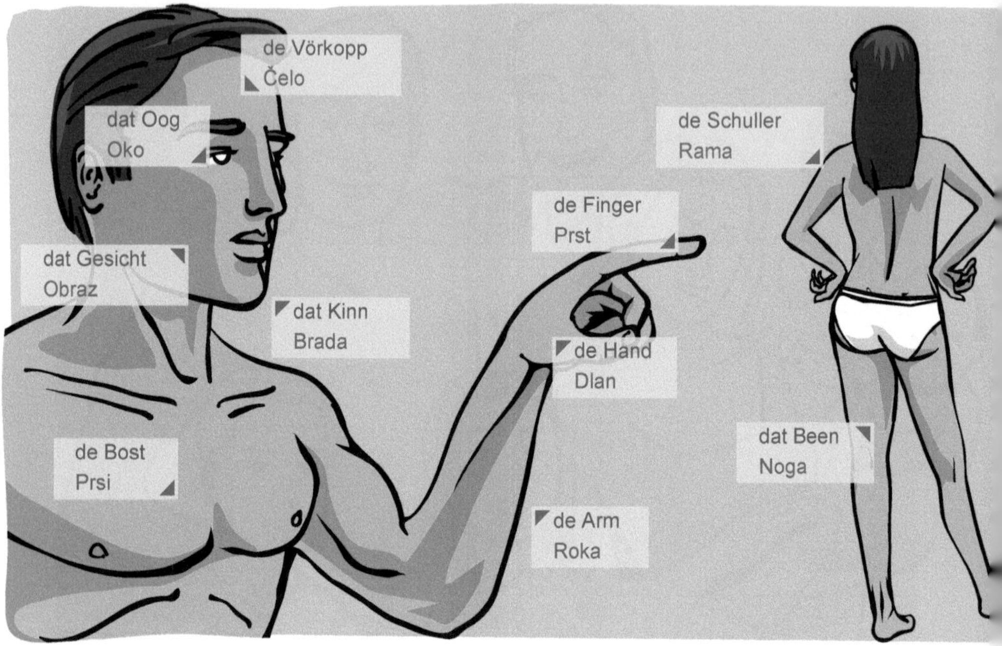

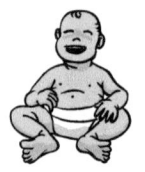

dat Winnelkind

Dojenček

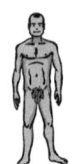

de Mann

Človek

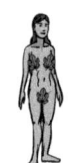

de Fro

Ženska

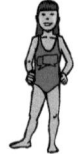

de Deern

Dekle

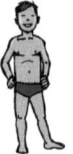

de Jung

Fant

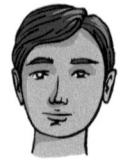

de Arm

Glava

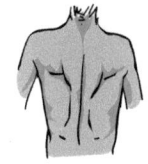

de Rüch

Hrbet

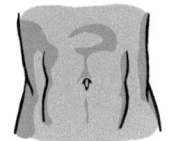

de Buuk

Trebuh

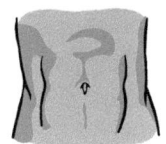

de Navel

Popek

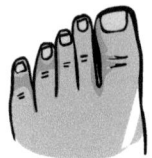

de Teh

Prst na nogi

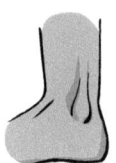

de Hack

Peta

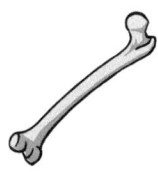

de Knaken

Kost

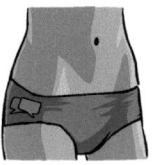

de Hüft

Kolk

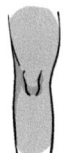

dat Knee

Koleno

de Ellbagen

Komolec

de Nees

Nos

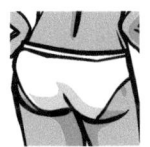

de Achtersen

Zadnjica

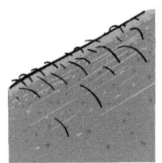

de Huut

Koža

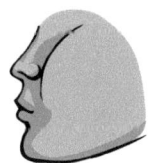

de Back

Lice

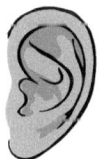

dat Ohr

Uho

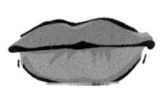

de Lipp

Ustnica

de Mund

Usta

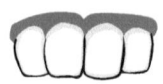

de Tähn

Zob

de Tung

Jezik

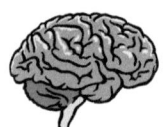

de Bregen

Možgani

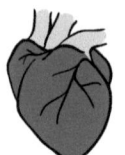

dat Hart

Srce

de Muskel

Mišica

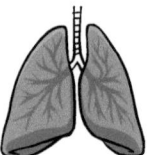

de Lung

Pljuča

de Lever

Jetra

de Maag

Želodec

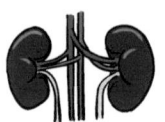

de Neren

Ledvice

de Bislaap

Spolni odnos

dat Kondoom

Kondom

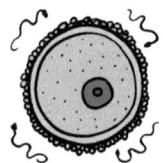

de Eizell

Jajčece

dat Sperma

Semenska tekočina

de Anner Ümstänn

Nosečnost

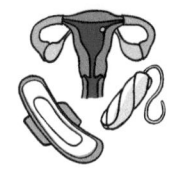

de Menstruatschoon

Menstruacija

de Scheed

Vagina

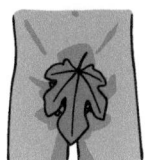

de Pint

Penis

de Ogenbroe

Obrv

dat Hoor

Lasje

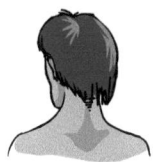

de Hals

Vrat

dat Krankenhuus
Bolnišnica

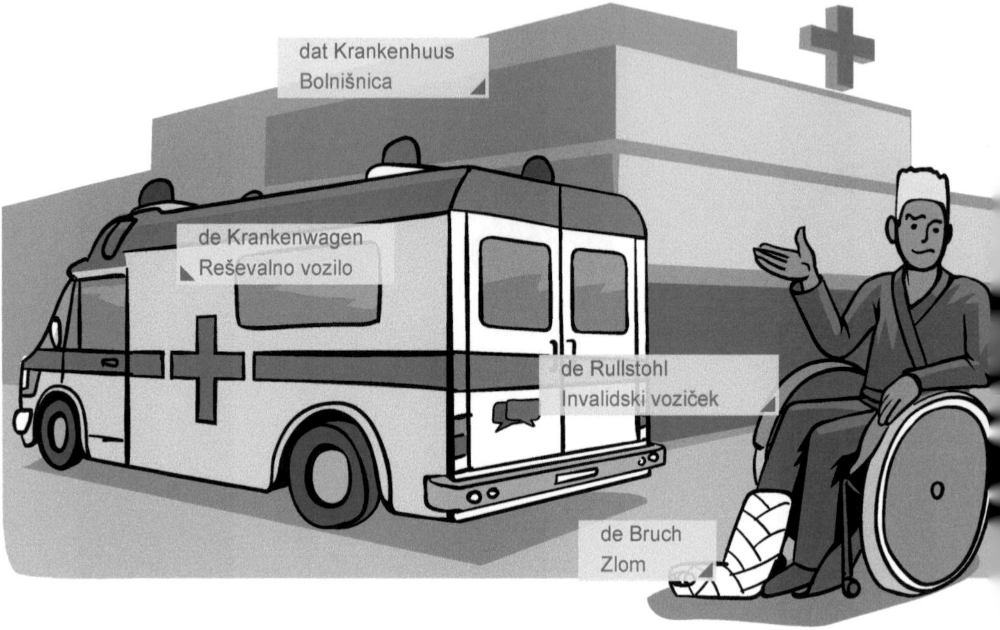

dat Krankenhuus
Bolnišnica
de Krankenwagen
Reševalno vozilo
de Rullstohl
Invalidski voziček
de Bruch
Zlom

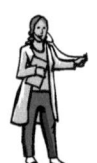

de Dokter

Zdravnik

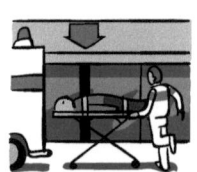

de Nootopnahm

Urgenca

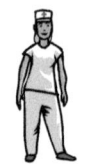

de Krankensüster

Medicinska sestra

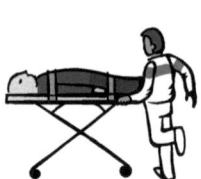

de Nootfall

Nujni primer

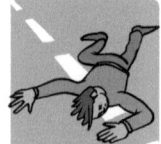

ahnmächtig

Nezavesten

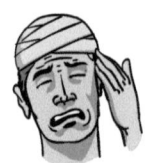

de Wehdaag

Bolečina

de Verwunnen

Poškodba

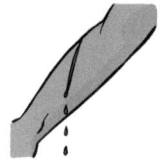

de Blöden

Krvavenje

de Hartinfarkt

Srčni infarkt

de Slaganfall

Kap

de Allergie

Alergija

de Hoosten

Kašelj

dat Fever

Vročina

de Gripp

Gripa

de Dörchfall

Driska

de Koppwehdaag

Glavobol

de Kreeft

Rak

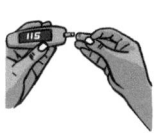

de Zuckersüük

Sladkorna bolezen

de Chirurg

Kirurg

dat Chirurgsch Mess

Skalpel

de Operatschoon

Operacija

dat CT

CT

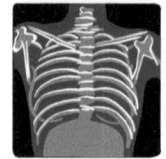

de Dörchlüchten

Rentgen

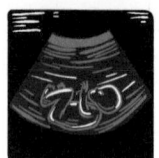

de Ultraschall

Ultrazvok

de Mask

Obrazna maska

de Krankheit

Bolezen

de Töövruum

Čakalnica

de Krück

Bergla

dat Plaaster

Obliž

de Verband

Preveza

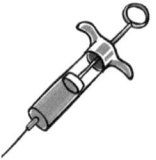

de Insprütten

Injekcija

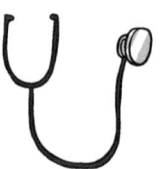

dat Stethoskop

Stetoskop

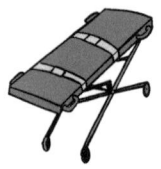

de Draag

Nosila

dat Feverthermometer

Klinični termometer

de Geboort

Porod

dat Övergewicht

Prekomerna teža

de Höörapparat

Slušni pripomoček

dat Kiemfriemiddel

Razkužilo

de Ansteken

Okužba

de Virus

Virus

dat HIV / AIDS

HIV / AIDS

dat Heelmiddel

Medicina

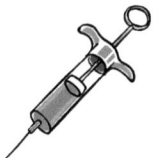

de Impen

Cepljenje

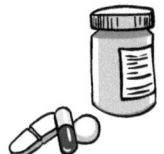

de Tabletten

Tablete

de Pill

Tableta

de Nootroop

Klic v sili

de Blootdruck-Meter

Merilnik krvnega tlaka

krank / gesund

bolano / zdravo

Hölp!

Na pomoč!

de Alarm

Alarm

de Överfall

Napad

de Angreep

Napad

de Gefohr

Nevarnost

de Nootutgang

Izhod v sili

dat Füer!

Gori!

de Füerlöscher

Gasilni aparat

de Unfall

Nezgoda

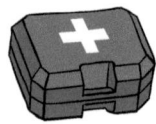

de Noothölpkoffer

Komplet za prvo pomoč

SOS

SOS

de Polizei

Policija

Europa

Evropa

Noordamerika

Severna Amerika

Süüdamerika

Južna Amerika

Afrika

Afrika

Asien

Azija

Australien

Avstralija

de Atlantik

Atlantski ocean

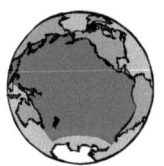

de Pazifik

Tihi ocean

dat Indisch Weltmeer

Indijski ocean

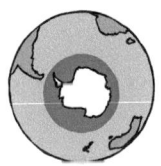

t Antarktisch Weltmeer

Južni ocean

dat Arktisch Weltmeer

Arktični ocean

de Noordpol

Severni tečaj

de Süüdpol

Južni tečaj

de Antarktis

Antarktika

de Eerd

Zemlja

dat Land

Kopno

de See

Morje

dat Eiland

Otok

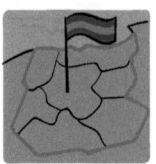

de Natschoon

Narod

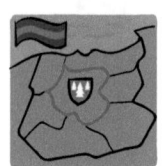

de Staat

Država

dat Tallenblatt

Številčnica

de Stunnenwieser

Urni kazalec

de Minutenwieser

Minutni kazalec

de Sekunnenwieser

Sekundni kazalec

Wo laat is dat?

Koliko je ura?

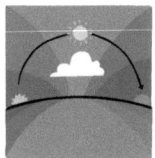

de Dag

Dan

de Tiet

Čas

nu

Zdaj

de digetaalsch Klock

Digitalna ura

de Minuut

Minuta

de Stunn

Ura

de Week

Teden

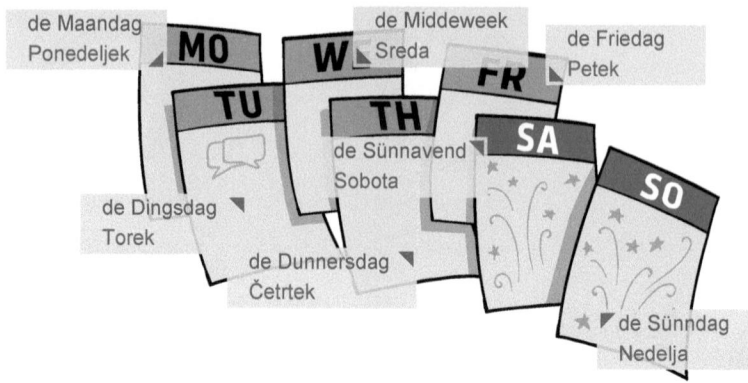

de Maandag
Ponedeljek

de Middeweek
Sreda

de Friedag
Petek

de Sünnavend
Sobota

de Dingsdag
Torek

de Dunnersdag
Četrtek

de Sünndag
Nedelja

güstern
....
Včeraj

hüüt
....
Danes

morgen
....
Jutri

de Morgen
....
Jutro

de Meddag
....
Poldne

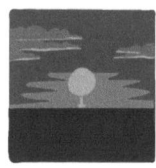

de Avend
....
Večer

MO	TU	WE	TH	FR	SA	SU
1	2	3	4	5	6	7
8	9	10	11	12	13	14
15	16	17	18	19	20	21
22	23	24	25	26	27	28
29	30	31	1	2	3	4

de Arbeitsdaag
....
Delovni dnevi

MO	TU	WE	TH	FR	SA	SU
1	2	3	4	5	6	7
8	9	10	11	12	13	14
15	16	17	18	19	20	21
22	23	24	25	26	27	28
29	30	31	1	2	3	4

dat Wekenenn
....
Konec tedna

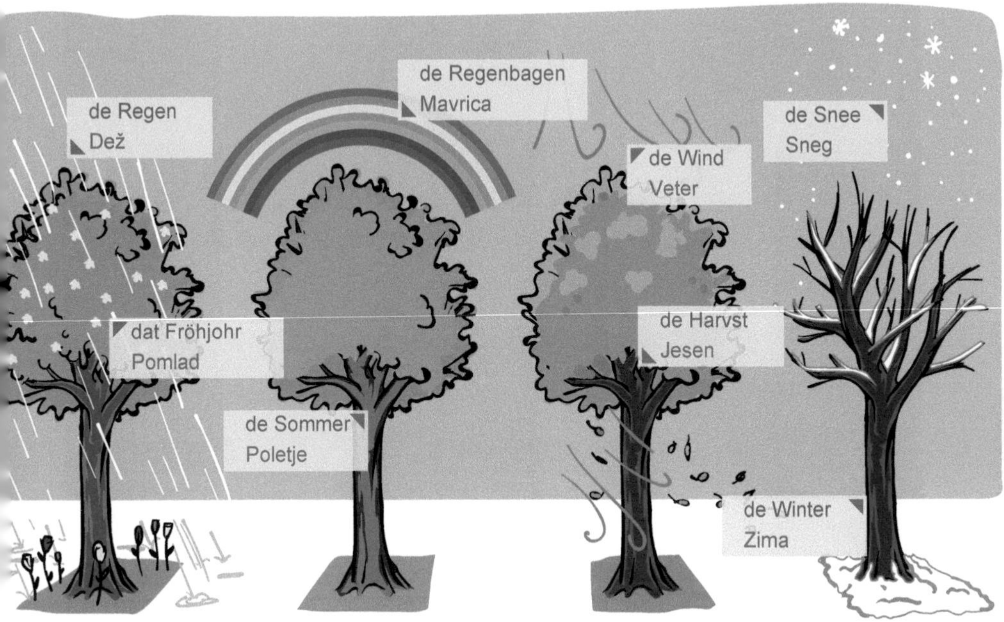

de Regenbagen
Mavrica

de Regen
Dež

de Snee
Sneg

de Wind
Veter

dat Fröhjohr
Pomlad

de Harvst
Jesen

de Sommer
Poletje

de Winter
Zima

de Wedervörhersaag
....
Vremenska napoved

4.APRIL	11°	
5.APRIL	4°	
6.APRIL	13°	
7.APRIL	8°	
8.APRIL	10°	

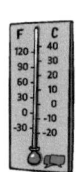

dat Thermometer
....
Termometer

de Sünnenschien
....
Sončna svetloba

de Wulk
....
Oblak

de Nevel
....
Megla

de Luftfuchtigkeit
....
Vlažnost

de Blitz

Strela

de Dunner

Grom

de Storm

Nevihta

de Hagel

Toča

de Monsun

Monsun

de Floot

Poplava

dat Ies

Led

de Januormaand

Januar

de Februormaand

Februar

de Martmaand

Marec

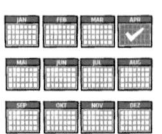

de Aprilmaand

April

de Maimaand

Maj

de Junimaand

Junij

de Julimaand

Julij

de Augustmaand

Avgust

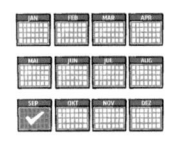

de Septembermaand
....
September

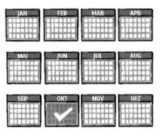

de Oktobermaand
....
Oktober

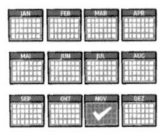

de Novembermaand
....
November

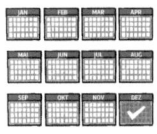

de Dezembermaand
....
December

de Formen
Oblike

de Krink
....
Krogla

dat Quadrat
....
Kvadrat

dat Rechteck
....
Pravokotnik

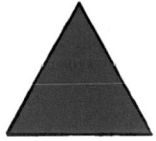

dat Dreeeck
....
Trikotnik

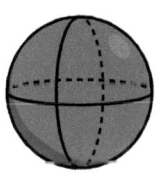

de Kugel
....
Krogla

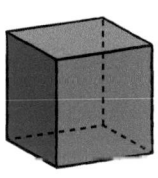

de Wörpel
....
Kocka

witt

Bela

geel

Rumena

orangsch

Oranžna

pink

Rožnata

root

Rdeča

lila

Vijolična

blau

Modra

gröön

Zelena

bruun

Rjava

gries

Siva

swart

Črna

veel / wenig

veliko / malo

böös / verdreeglich

jezno / umirjeno

smuck / mies

lepo / grdo

de Begünn / dat Enn

začetek / konec

groot / lütt

veliko / majhno

hell / düüster

svetlo / temno

de Broder / de Süster

brat / sestra

schier / schietig

čisto / umazano

kumpleet / nich kumpleet

popolno / nepopolno

de Dag / de Nacht

dan / noč

doot / lebennig

mrtvo / živo

breet / small

široko / ozko

geneetbor / nich geneetbor

užitno / neužitno

böös / fründlich

zlobno / prijazno

fickerig / langwielt

vznemirjeno / zdolgočaseno

dick / dünn

debelo / vitko

toeerst / toletzt

prvo / zadnje

de Fründ / de Fiend

prijatelj / sovražnik

vull / leddig

polno / prazno

hart / week

trdo / mehko

swoor / licht

težko / lahko

de Smacht / de Döst

lakota / žeja

krank / gesund

bolano / zdravo

nich na't Recht / na't Recht

nezakonito / zakonito

klook / dummerhaftig

pametno / neumno

linkerhand / rechterhand

levo / desno

neeg / feern

blizu / daleč

de Gegendelen - Nasprotja

nieg / bruukt

novo / rabljeno

nix / wat

nič / nekaj

oolt / jung

staro / mlado

an / ut

vklopljeno / izklopljeno

apen / slaten

odprto / zaprto

lies / luut

tiho / glasno

riek / arm

bogato / revno

richtig / verkehrt

prav / narobe

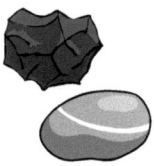

ruug / glatt

grobo / gladko

trurig / glücklich

žalostno / veselo

kort / lang

kratko / dolgo

suutje / flink

počasi / hitro

natt / dröög

mokro / suho

warm / köhl

toplo / hladno

de Krieg / de Freden

vojna / mir

0	**1**	**2**
null	een	twee
Ničla	Ena	Dva

3	**4**	**5**
dree	veer	fief
Tri	Štiri	Pet

6	**7**	**8**
söss	söven	acht
Šest	Sedem	Osem

9	**10**	**11**
negen	teihn	ölven
Devet	Deset	Enajst

12

twölf

Dvanajst

13

dörteihn

Trinajst

14

veerteihn

Štirinajst

15

föffteihn

Petnajst

16

sössteihn

Šestnajst

17

söventeihn

Sedemnajst

18

achtteihn

Osemnajst

19

negenteihn

Devetnajst

20

twintig

Dvajset

100

hunnert

Sto

1.000

dusend

Iisoč

1.000.000

million

Milijon

dat Engelsch

Angleščina

dat Amerikaansch Engelsch

Ameriška angleščina

dat Chineesch Mandarin

Mandarinščina

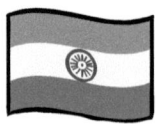

dat Hindi

Hindujščina

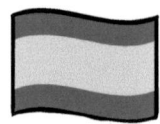

dat Spaansch

Španščina

dat Franzöösch

Francoščina

dat Araabsch

Arabščina

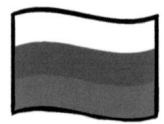

dat Rusch

Ruščina

dat Portugiesch

Portugalščina

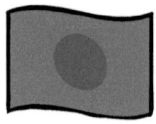

dat Bengaalsch

Bengalščina

dat Düütsch

Nemščina

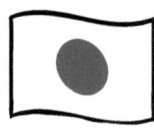

dat Japaansch

Japonščina

ik

Jaz

du

Ti

he / se / dat

On / ona / tisto

wi

Mi

ji

Vi

se

Oni

keen?

Kdo?

wat?

Kaj?

woans?

Kako?

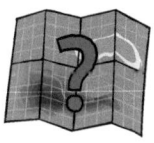

woneem?

Kje?

wannehr?

Kdaj?

de Naam

Ime

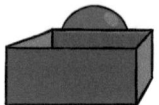

achter

Zadaj

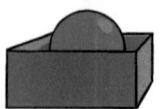

in

V

vör

Pred

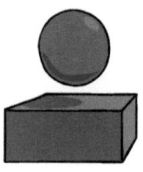

över

Nad

op

Na

ünner

Pod

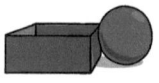

blangen

Poleg

twüschen

Med

de Oort

Kraj